AF279515

# Notizen
## für ein anderes
# Leben

Aphorismen – Band 03

**Žan Mokran**

**Edition**

F F M

**Impressum**

Bibliografische Information der Deutschen
Nationalbibliothek:
Die Deutsche Nationalbibliothek verzeichnet
diese Publikation in der Deutschen
Nationalbibliografie; detaillierte bibliografische
Daten sind im Internet über http://dnb.dnb.de
abrufbar.

© 2024 Žan Mokran inkl. Design der durch KI
erzeugten Illustrationen

Lektorat: Tanja Schard

Verlag: BoD • Books on Demand GmbH,
In de Tarpen 42, 22848 Norderstedt
Druck: Libri Plureos GmbH, Friedensallee 273,
22763 Hamburg

ISBN: 978-3-7583-5095-5

# Widmung:

*Auch der dritte Band gibt unzensiert Gedanken preis, die ich in die kleinen Notizbüchlein hineinschreibe, die ich immer (seit 1999) mit mir herumschleppe, um meine Erkenntnisse als Aphorismus festzuhalten. Denn ich habe damals schon gefunden, dass die geringste Ablenkung genügt und ich mich später nicht mehr erinnern kann.*

*Den treuen Lesern und Freunden an dieser Stelle wieder besten Dank für Euer Vertrauen und Euren Zuspruch.*

*Žan Mokran, Frankfurt am Main 2024*

# Inhaltsverzeichnis

# Aphorismen
# (2000-2001)

α - 4 - Ω

Wer seine Mitarbeiter, wie eine Herde Schafe behandelt, muß sich nicht wundern, wenn sie statt zu sprechen, blöken.

Bevor du andere
herausforderst und besiegst,
fordere erst dich selbst
heraus und besiege dich.

# Ideale
# wiegen schwerer
# als Geldbeutel.

Mehr als die Welt mit meinen Sinnen wahrnehmen und mit meinem Verstand zu begreifen, kann ich nicht.

Das heißt aber nicht, dass es sonst nicht mehr wahrzunehmen und zu verstehen gibt.

So, wie ich nicht weiß,
wohin der Wind die Feder
weht, so weiß ich nicht,
wohin mich mein Leben
weht.

α - 10 - Ω

Verstand ist
grenzenlos-
Verständnis nicht.

„Eine Schwalbe macht noch
keinen Sommer…“-
stimmt, aber es ist ein guter
Anfang.

Oft schon hätte ich mich
gerne zurückgezogen-
Wohin sollte das sein?


Nur in meinen Kopf kann
ich mich immer und überall
zurückziehen.

Der wirklich Reiche
fragt nicht nach dem
Preis,
sondern nach dem
Nutzen.

„Die Zeit vertreiben" wollte
ich mir nie.

Sie halten, ja festbinden,
das versuche ich ein ums
andere Mal.

Ein Mensch ohne
Familie und
Freunde,
ist wie ein Fluß
ohne Quelle.

Ein Bankräuber kommt in eine Bank: „Los Geld her, aber in ganz kleinen Scheinen!"

„Wirklich ganz klein?" fragt der Kassierer.

„Ja, so klein es geht!"

„Kein Problem."

Es dauert ein paar Sekunden.

Der Kassierer nimmt das Geld aus der Kasse und geht gelassen in einen Nebenraum.

Ein seltsames Geräusch ertönt.

Ein paar Sekunden später kommt der Kassierer wieder heraus, wuchtet einen Sack Konfetti auf den Tisch und sagt

„Bitte, kleiner ging´s nicht!"

In den Augen der
Menschen kannst du
lesen, was ihre Zunge
verschweigt.

Das Leben in seiner
Endlichkeit zu begreifen,
birgt unendliche Chancen.

Je mehr ich verstehe,
umso
verständnisloser
werde ich.

Wenn die Evolutionsforscher recht haben, hatte schon der Steinzeitpapa mit seinem filius die gleichen Probleme, wie wir heute.

Nur das ihm damals mancher Säbelzahntiger die Arbeit abnahm.

Wenn keiner mehr lebt, der
das Gegenteil bezeugen
kann, beginnt die
Glorifizierung und
Rehabilitation der
Despoten.

Da Bild- und Tondokumente heute, aufgrund der technischen Möglichkeit zur Verfälschung, grundsätzlich bezweifelt werden dürfen, ist es faktisch so, dass unser Zeitalter so finster wie das Mittelalter, nicht nachvollzogen werden kann.

Man wird eines Tages auch die Weltkriege für „nicht stattgefunden" oder „unbewiesen" erklären.

Alles Lebendige lebt genau in diesem Augenblick überall auf dieser Welt, ja sogar im ganzen Kosmos.

Es ist ein Trugschluß, dass Menschen nur leben, wenn wir ihnen begegnen.

Und doch können wir das Leben nur so begreifen.

Einen Neuanfang für das Christentum zu wagen, hieße, Jesus erneut zu kreuzigen.

Warum ich Schriftsteller
bin, kann ich nicht erklären,
aber warum ich es bleibe.


Auf die Buchmesse gehe
ich nicht weil ich
Schriftsteller bin, sondern
trotzdem.

Das ideale Buch würde
keiner kaufen: Eine Seite
und darauf ein Satz,
vielleicht auch nur ein
Wort.

Nur wenn unser Leben wie
Bob-Fahren wäre, verliefe
es in einer Bahn- aber wer
will schon ein Leben, das
ist wie Bob-Fahren?

„Reisende soll man nicht aufhalten!“ Man kann es auch nicht.

Das amerikanische Prinzip des „talk it out" funktioniert bei uns deshalb nicht, obwohl wir in Europa sind, sondern weil wir in Europa sind.

Wir lernen stets leichter zu gehorchen, als zu entscheiden.

Drogen

nutzen nur dem,

der sie verkauft.

Der Fußballsport in Deutschland ist ein „Staat im Staat".

Idee: Deutschland als
Ameisenhügel oder
Bienenstock.


Idee: Politisches Stück als
Zirkusprogramm mit
Seiltänzern, Clown und
Jongleuren.

Der Nachdenker mahnt

Der Vordenker ermuntert

Der Mitdenker begreift

Der Andersdenker
provoziert

Der Umdenker signalisiert

-      der Denker denkt nur.

Der Weg der Mitte ist nicht
der Einzige, aber der Beste.

Vor zehn Jahren wurde Deutschland wiedervereint.

Heute erst beginnt die Wiedervereinigung in den Köpfen.

Nur ein gemeinsamer Weg verbindet - und sei er auch noch so kurz.

Die Schwere des Lebens
wird nur durch die
Leichtigkeit des Seins
erträglich, die Tiefe durch
den Höhenflug der
Gedanken.

Jedes dicke gute Buch war
zunächst ein kurzer
treffender Aphorismus –und
läßt sich auch genau wieder
auf diesen reduzieren.

Alle Körper sind gleich
schön und gleich häßlich.
Nur in unserem Kopf
entsteht die Illusion der
Schönheit an sich.

Was unser Körper ist, kann ein Biologe in wenigen Sätzen erklären.

Was er wirklich ist, dazu braucht es einen Poeten.

Weder die Discounter noch ihre Produkte haben sich geändert.
Die Meinung der Leute dazu hat sich geändert.

Ich kann jedem Wetter
etwas abgewinnen, weil ich
meine eigenen Stimmungen
kenne.

Wenn man einen Platz
selbst nicht ausfüllen muß,
ist es leicht, die
Anforderungen daran zu
formulieren.

„Das würde ich nie
machen..“- sagen meist die,
die nie in die Verlegenheit
dazu kämen.

Wer mich unästhetisch findet, weil ich gerne weiße Socken trage, kennt das wichtigste Gesetz der Mode nicht:

Es gibt kein Gesetz!

Da jeder letztlich doch in
seiner eigenen Welt lebt, ist
die Größe irrelevant.

Bist du mit dir im Reinen ?

Eine wirklich gute Idee ist unbezahlbar.

Leider wird sie tatsächlich selten bezahlt.

Die Ratte, die freiwillig in den Käfig und dort in ihr Rad steigt, sollte nicht jammern.

Ein Gebirge liegt dort flach
vor meinen Augen nieder.
Das Tal darunter
lacht mich an.
Es duftet zart nach Flieder.

Viele Reisen
macht´ich schon,
in viele Länder fremd.

Davon zeugen
Kitsch und Klüngel
und manches bunte Hemd.

Doch dies Gebirge, dieses
Tal, niemand mich dort
kennt,

dort ist meine Heimat,
auch wenn mich niemand
FREUND dort nennt.

Denn:
Heimat ist nicht dort,
wo dich ein jeder kennt,
sondern wo dich niemand
FREMDER nennt.

Es ist das Vorrecht der Weisen, sich zu irren.

Alle anderen haben schlicht keine Ahnung.

Billig ist nur das, was nichts wert ist.

Ich merke mir nur gut, was
ich nicht aufschreiben kann.


Ein „Entscheider" ist nur
nötig und von Nutzen,
wenn er entscheidet.

Freund ist einer, mit dem
man in der Ferne und aus
der Ferne über Vertrautes
reden kann.


Mit einem guten Freund an
der Seite, kann jeder Ort zur
Heimat werden.

Nur
wer nachdenkt,
kann
vordenken.

Idee: Die Vergangenheit hat es so nicht gegeben. Die Menschheit war schon einmal soweit wie wir, hat sich aber kollektiv entschieden, alle Spuren zu verwischen.

Auch wenn die Bibel den ungläubigen Thomas nicht erwähnt hätte, hätte es ihn, so wie heute, gegeben.

Wenn ich mir Kinderfotos
von mir anschaue, sehe ich
zwar das Kind, aber nicht
mich.

Für den Mathematiker ist
die Negation der Negation
gleich der Zustimmung.

Für den Philosophen ist sie
nur die unendliche
Grauzone zwischen
VIELLEICHT
und
UNMÖGLICH.

Ich weiß, dass meine Worte
erst gehört werden, wenn
ich tot bin.

Dann werden sie
hoffentlich richtig
interpretiert, denn verstehen
könnte man sie nur jetzt.

Die meisten
Literaturkritiker legen den
Autoren entweder zuviel in
den Mund oder zu wenig.

Wir haben nur dies eine
Leben, um Angefangenes
zu beenden.

Das Kunstwerk überdauert
den Künstler.

Ob er will oder nicht.

Jeder Herrschaftsanspruch
ist in seinem Kern
faschistoid.

Aphorismen sind
Erkenntnisse, aber keine
Gesetze.


Aphorismen sind Pointen
ohne Witz.


Der Aphorismus ist der
Kern einer Geschichte, die
erst in unserem Kopf
entsteht.

α - **74** - Ω

Idee: Junge, der mit einem Ohr hört, was die Leute sagen und mit dem anderen, was sie meinen.

Man sollte über den zweiten
Schritt zumindest
nachgedacht haben, bevor
man den ersten tut.

Mit Geld nicht umgehen zu
können, heißt nicht, es nicht
zu schätzen.

Auch der Neandertaler hielt sich für das modernste Geschöpf unter der Sonne.

Er war es auch- so wie wir es einst gewesen sein werden.

Die Bühne des Lebens ist die schlecht-organisierteste überhaupt:

Das Stück beginnt, ohne dass man weiß, worum es geht, die Rollen sind nicht erkennbar verteilt. Der Spot versagt, wenn man ihn braucht und strahlt, wenn man lieber im Dunkeln bliebe. Der Vorhang öffnet sich, bevor man weiß, was man sagen soll und er senkt sich, bevor man ausgesprochen hat.

Die Art, wie ich denke,
entscheidet, was ich denke.

Eine Wirkung ohne
Ursache gibt es nicht.

Das falsche Wort
zur rechten Zeit
bereitet stets
nur Unbehagen

Genauso liegt
das rechte Wort
zur falschen Zeit
uns schwer im Magen

Jeder Schriftsteller ist am Ende nur in dem Maße erfolgreich, wie es Verlag, Vertrieb und Fachpresse zulassen.

Das Neue Testament geht
vom Ideal des Menschen
aus, das Alte Testament von
der Realität.

Meine Passion ist das
Leben an sich - mit allen
Facetten.

Der Mensch rennt stets nur
einem Bild von sich selbst
hinterher.

Selbst wenn er dem Bild
gerecht würde, hat er nur
ein neues geschaffen.

Und dann beginnt er wieder
zu rennen.

Wer sich zu oft verändert, wird zum Schatten seiner selbst.

Harry Potter – der Beweis,
dass es nicht gut ist, den
Menschen auch nur ein
Buch vorzuenthalten.


Was den Leuten gefällt,
lesen sie.

Die Anwesenheit einer
Frau, wirkt auf mich
belebender, als alle
Vitamine und Mineralien
zusammen.

Das Leben nicht permanent
in letzter Sekunde zu
bewältigen, ist nicht nur
eine Kunst, sondern auch
eine Notwendigkeit.

Gewöhne dich an dich
selbst, bevor du versuchst
andere an dich zu
gewöhnen.

In der Welt der Avatare,
eMails, ChatRooms, SMS
bist du der, der du sein
willst.

Solange du in dieser Welt
bleibst, ist das ok, aber
außerhalb dieser Welt bist
du der, der du bist.

Man kann Kinder zwar zur Höflichkeit erziehen, aber beibringen kann man es ihnen nicht.

Das Schicksal der letzten tausend Jahre:

Konnte man gute Politik machen, gab es keine guten Politiker.

Gab es gute Politiker, konnte man keine gute Politik machen.

Man muß den Kopf
knacken, wenn man den
Körper heilen will.

Manche versuchen mit ihrer
lauten Stimme und
Geschrei die
Inhaltslosigkeit ihrer Worte
zu übertönen.

# Förderung statt Umschulung!

Man kann nur das werden,
was man schon immer war.

Das jemand Zeit hat oder
sie sich nimmt, jeden Tag
von morgens bis abends
Bücher schreiben zu
können, macht seine Bücher
nicht zwangsläufig besser.

Ein gutes Buch ist ein gutes
Buch. Egal unter welchen
Umständen und innerhalb
welcher Zeit es geschrieben
wurde.

Verlage dürfen, sollen und müssen Manuskripte kritisch sichten.

Aber sie können sich nur ein Urteil erlauben, wenn sie es wirklich gelesen haben.

Verleger und Lektoren
formulieren stets Regeln.
Dabei geben sie nur ihre
Meinung wider.

Ergo: Ein Verleger oder
Lektor darf mir gerne seine
Meinung sagen, aber er darf
daraus keine Regel
formulieren.

Es gibt für Kunst, Künstler
und Kunstwerke keine
Regeln.


Alles kann, nichts muß
gefallen oder etwas
bewirken.

Selbst wenn nur der
Künstler mit seinem Werk
etwas anfangen kann, bleibt
Kunst, Kunst.

Steht ein Verlag nicht vom
ersten Moment an hinter
einem Buch, ist es so gut
wie verloren.


Eine Branche, die mich
ablehnt, ohne mich zu
kennen, ist schlichtweg
arrogant.

Welchen wichtigen Gedanken in deinem Leben,
hast du nie zu Ende gedacht?

Gerüchte verbreiten sich
nicht - sie werden
eingesetzt.

In einer Beziehungskrise
brauche ich Antworten und
Perspektiven.
Nur so ertrage ich
Durststrecken und Täler.

Netzwerkbetrieb ohne
Viren, ist wie Schwimmen
ohne naß zu werden.


Wir vertrauen unserem
Computer mehr an, als
unseren besten Freunden.

Ein Staat, der Menschen bewußt zum Mißtrauen erzieht, schafft keine Individualisten, sondern Egoisten.

# Literaturkritiker sind Zweckpessimisten.

Der Winter ist eine ganz besondere Jahreszeit - so wie der Frühling, der Sommer und der Herbst.

Frieden ist kein Kompromiß, sondern die Lösung.

Die Herausforderung
(Grenzerfahrung) und den
ultimativen Kick, den viele
Wohlstandskinder suchen,
ist für viele Menschen auf
dieser Welt bittere
ungewollte Realität.

Wohlstand verdirbt zuerst
den Magen -

und dann den Charakter.

Die Zielgruppe im Blick zu haben, heißt nicht, einen Blick für die Zielgruppe zu haben.

# Innovatives hat keinen Stil- es erschafft einen.

# Fakt ist,
# was Leute für
# Fakt halten.

Das, was ich weiß, sorgt
mich nicht, sondern das,
was ich nicht weiß.




Was ich weiß,
macht mich nicht heiß.

Liebe und der Wunsch nach körperlicher Nähe entspringt nur aus uns selbst.

Wenn man uns dazu überreden will, schafft man keine Beziehung, sondern einen Käfig.

Ich erwarte von meinem
Partner keine Lösungen,
wenn ich selbst keine habe.
Aber ich erwarte,
dass er eine mit mir sucht.

Partnerschaft ist Tauziehen.
Die Partner sind jedoch
keine Kontrahenten,
sondern ziehen gemeinsam
auf der einen, das Schicksal
auf der anderen Seite.

Einst leuchtete ein Feuer
In deinen Augen,
deinem Herz.

Glück und Freude klang
aus deiner Stimme,
kein Platz für Kummer
oder Schmerz.

Das Feuer ist erloschen,
Die Stimme wurde stumm.
Stattdessen nur Gemecker,
Wir schubsen uns herum.

Ich suche deine Kerze,
Hab´s Streichholz schon bereit.
Und warte Stund´ um Stunde,
Wann ist es nur soweit?

Wer ist es der´s mir sagen kann?
Wer ist es, der ihn nennt?
Den Tag an dem
das Feuer wieder
In deinen Augen brennt.

Ab einer gewissen
Make-up Dichte,
läßt sich fehlendes
Selbstbewußtsein
nicht mehr verbergen.

Eine Computerspielheldin soll beweisen, dass die virtuelle Frau der echten immer ähnlicher wird.

Manches Covergirl beweist das Gegenteil.

Fürchtest du ewiges Licht oder die ewige Dunkelheit?

Kochbücher bieten mir Anregungen, mehr nicht.

Meine Suppe koche ich nicht nach Büchern, sondern nach meinem Geschmack.

Die Idee eines Buches ist
meist besser, als das Buch
selbst.

Die Dimension, in der Künstler denken, wird erst in einer fernen Zukunft erforscht und verstanden werden.

Ergo: Die Dimension, in der Künstler denken, ist ihrer Zeit immer weit voraus.

Ansprüche stelle ich nur an mich selbst.

Jeder muß letztlich mit sich selbst fertig werden, muß sich selbst ertragen, bei Kummer, Leid, Schmerz, Angst; wird älter, verliert an Wahrnehmungskraft, spürt Einsamkeit und Tod.

Es war schon immer leichter, einen Mißstand zu beklagen, als ihn zu ändern.

Es ist gut, an das Gute zu glauben, aber es ist nicht gut, das Gute niemals zu hinterfragen.

Es ist richtig, die schlechte Seite eines Menschen zu bezweifeln, bis sie nicht eindeutig erwiesen ist.

# Ist es aber deswegen richtiger, die gute Seite kritiklos zu akzeptieren?

Nur weil jemand in einem Schweinestall geboren wurde, in einem solchen lebt oder stirbt, heißt noch lange nicht, dass er ein Schwein ist.

Ob man über alle
Tellerränder geschaut hat,
ist stets eine Ansichtssache.

„Seinen Horizont erweitern…“ - Ist der Horizont zu weit, verliert man den Überblick.

Ein weinender Mensch am Straßenrand kümmert uns nicht.

Aber wenn jemand einfach loslacht, machen wir uns Gedanken.

Nur die Einsamkeit
lehrt uns,
wer wir sind und
was wir wollen.

Peinlich kann nur sein, was
schon immer peinlich war.

Nach einer turbulenten Beziehung, weiß man die Einsamkeit zu schätzen.

Nach der Einsamkeit, weiß man eine turbulente Beziehung zu schätzen.

Altwerden heißt nicht immer, nicht-mehr-jung sein.

Lesen ist nicht wie Essen!
Man muß auch vergiftetes
Lesen, um sich
wohlzufühlen.

Wenn das Leben einen Sinn
hätte, hätte es für alle den
gleichen Sinn - und diesen
Gedanken finde ich
langweilig.

Das Macht auf Erfolgen beruht, scheint für Politiker nicht zu gelten.

Denn diese macht offensichtlich nur die Summe ihrer Mißerfolge zu Ikonen.

Nichtstun verhindert Fehler
- aber auch Erfolge.

Es gibt die Liebe auf den ersten Blick. Doch sie ist nichts gegen die, die auch dem zweiten und dritten standhält.

Wer Sehnsucht mit Liebe
verwechselt, stößt sich
selbst den Dolch ins Herz.

Diogenes und ich kommen beide mit sehr wenig aus.

Aber: er will, ich muß.

Dem Kosmos ist es egal, ob eine Ameise oder ein Mensch stirbt.

Man denkt über Dichter und Denker oft, dass sie nicht mehr ganz dicht sind.

Mode wiederholt sich, wie
der Schlag Mensch, der sie
trägt.

Die Welt passt sich dir niemals an.

Wo du hinpasst, mußt du selbst herausfinden.

# Ob du ein Funke oder eine Flamme bist, entscheidet deine Leidenschaft.

Die Lobby für Panzer ist mengenmässig kleiner, als die für Holzspielzeuge.

Aber sie ist reicher.

Im Frieden schreit es sich leicht nach der Abschaffung von Armeen.

Wenn ich mich in etwas verrannt habe, erscheint mir jede Illusion real.

Junge Menschen prangern Unrecht an, alte Menschen ertragen sie.

Früher war der Kauf einer
Aktie ein
Vertrauensbeweis.

Heute ist sie nur noch eine
Geldanlage.

Bei einem Börsencrash ist
ein reicher Mann allenfalls
zornig.

Ein armer Mann ist ruiniert.

Der Pleitegeier hat immer
Hunger.

Wenn die anderen
Religionen mit der
Reinkarnation Recht haben,
bestaunen wir heute im
Museum Dinge, die wir
selbst geschaffen und lesen
in der Bibliothek Bücher,
die wir selbst geschrieben
haben.

Der Körper ist der Käfig der Seele. Wo findet Denken/Seele statt?

Im Körper, im Raum/Zeitkonstrukt unseres begrenzten menschlichen Physikverständnisses?

Wir glauben, unsere Seele sei wie eine Seifenblase, alles was wir sind schwirrt miteinander verbunden irgendwo umher.

Die Seele braucht keinen Raum und keinen Sinn, keine Kommunikation, keine Ziele, kennt kein Gut/Böse, keinen Schmerz.

Seelen sind einfach.

Alle Gedanken, Gefühle, Empfindungen, etc. schwirren nach dem Tod des Körpers vielleicht losgelöst voneinander „herum".

Vielleicht kennt Seele kein Leben, braucht es nicht einmal.

Vielleicht ist „Seele" wirklich nur eine „Matrix"…

Tut es dir leid, daß du öfter vergessen, als verziehen hast ?

Quanten. Die Vorstellung, dass es eine Wirkung ohne Ursache gibt, ist schwer für unser Hirn faßbar.
Und doch ist es theoretisch möglich, dass ein Objekt hier verschwindet und dort wieder auftaucht, ohne einen Weg zurückzulegen.

Ein Leben reicht nicht, um den Sinn desselben zu begreifen.

# „Staatsfeind" - ist er zwangsläufig ein Feind des Volkes?

Jede Art von Motivation ist letztlich Selbstmotivation.

Glück/Unglück, Gut/Böse
und Leben/Tod.

Nichts davon kann ich oder
ein anderer beeinflussen.
Warum also unnötig traurig
oder feige sein?

Der Prophet und die
Wettervorhersage haben
eins gemeinsam:

Sie haben immer recht,
irren sich aber stets bei der
Zeitangabe.

Am Ende liegt der Anfang.
Das sollte uns hoffen
lassen.

Liebe: Loslassen.

Melancholie: Betrauern,
was man losgelassen hat.

Sentimentalität: sich sehnen
nach dem, was man nicht
halten konnte.

Freundschaft: Festhalten?

Das Besondere kann ich auch in meiner Dachkammer schreiben und es in einer Schublade verwahren.

Mit dem Besonderen muß ich nicht an die Öffentlichkeit, sondern mit dem Nützlichen.

Der heilige Gral wurde
gefunden, die Bundeslade
und Troja auch. Warum
also an Atlantis zweifeln?

Den Tod beherrschen wir
im Schlaf.

Für´s Leben braucht´s
Bücher, Seminare,
Ratschläge und eine
Religion.

Junge Leute lachen oft über
alte Leute.

Das ist so, als ob sie in
einen Spiegel blicken,
lachen und sagen:
„Das bin ich nicht!“.

Früher dachte ich, wenn man alle Armeen und Militärs abschafft, gäbe es keine Kriege mehr.

Aber das ist so, wie zu glauben, dass es, wenn man Zucker abschafft, keine Zahnschmerzen mehr gibt.

Jedes politische System
scheitert an den Menschen,
die darin leben sollen.

Das Einzige, was ich im Moment verkaufen kann, ist meine Arbeitskraft. Diese wird gesteuert von meiner Motivation. Die wiederum beeinflußt meine Konzentration, die wiederum den Grad meiner Arbeitsqualität bestimmt.

Und der Wert meiner Arbeitskraft hängt entscheidend von meiner Arbeitsqualität ab…

Da die Leute den Medien
mehr glauben, als der
Kirche, ist ein Showmaster
derzeit einflußreicher, als
Jesus.

# Im Großen denken, im Kleinen handeln.

BSE ruiniert vielleicht die Rinderzüchter, aber es tötet gewiß die Menschen. Was zählt mehr?

Wenn meine Lebensqualität leidet, und ich nichts dagegen tue, kommt das einem Selbstmord gleich.

Früher fand ich es lächerlich, heute weiß ich es: die erste Liebe eines Mannes gilt seiner Mutter.

Ergo: die Liebe wohnt uns inne. Wir wollen lieben! Und sind immer auf der Suche nach „Opfern".

Die Liebe aus der Ferne ist
ein süsser Tod.

Ich esse gerne. Und viel. Und ich bereue - aber nur kurz.

Das der Kosmos ein
Kreislauf ist, akzeptieren
wir.

Das unser Leben ein
Kreislauf ist, bezweifeln
wir.

Habe heute das Photo eines unbekannten Mannes gekauft.

Ein altes Photo, vielleicht 70 Jahre alt oder älter.

Aber ich konnte mich nicht zurückhalten.

Er hat sich so hübsch zurecht gemacht und gewiß gab es einen Anlaß für das Portrait.

Ich werde es nie erfahren. Ich konnte ihn aber auch nicht einfach so im Antiquariat liegen lassen.

Er wollte nach Hause.

Also nahm ich ihn mit.

Die Welt ist kein Puzzle,
das du nach Belieben
zusammensetzen und
ergänzen kannst.

Du bist vielmehr ein
Puzzleteil im Spiel der
Götter.

Selbst das größte Herz hört
einmal auf zu schlagen.

Ich glaube nicht, dass
meine Werke bedeutsamer
sind, als die anderer
Künstler.

Aber ich glaube, dass sie
für jemanden bedeutsam
sind.

Wenn ein guter Freund über
mich spricht, ist das für
mich so, als ob ich über
mich selbst spreche - nur
kritischer und ehrlicher.

Ein guter Freund denkt,
spricht, handelt und atmet
für mich, wenn mir die
Kräfte dazu fehlen.

Den Anspruch, den man an sich selbst hat, darf man nie auf andere übertragen.

Auch das Leben der
wichtigen Menschen,
wird durch unbedeutende
Kleinigkeiten bestimmt.

Den Frieden weiß nur zu
schätzen, wer den Krieg
kennt.

Was wirklich wichtig und nötig ist, war schon immer wichtig und nötig und wird es auch stets bleiben.

„Neu“ ist nur das, was es
noch nie gab. Das
vergessen viele Philosophen
und Schriftststeller.

Wenn einem die Argumente/Ideen ausgehen, sollte man es mal mit eigenen versuchen.

Jede Erkenntnis bringt mich
weiter - und wirft mich
doch stets zurück.

Die Summe aller Gedanken nennen wir Philosophie.

Da jeder denkt, ist auch jeder ein Philosoph.

„Philosophie - Liebe zur Weisheit"

Da Letzteres nicht schlüssig definiert werden kann, ist Philosophie die Liebe zum Undefinierten.

Wenn sich der Geist über
den Körper erhebt, können
wir alles erreichen.

Ich halte Kinder für nicht
halb so unschuldig, wie ihre
Eltern es mich glauben
machen wollen.

Ebenso denke ich über
Eltern.

Mit Handy, PalmTop, Notebook, Walkman und Yuppi-Roller falle ich nicht so auf, wie mit Notizbuch und Stift.

Wenn wir Luft brauchen, atmen wir, wenn wir durstig sind, trinken wir, wenn wir hungrig sind, essen wir, usw. usw.

Warum ist es dann verwerflich, dass man sich nach Sex sehnt wenn man Lust verspürt?

Die heutige Kirche
verwehrt nicht uns, sondern
sich selbst etwas:
Lebensfreude.

Eine schöne Frau spricht
alle Sinne eines Mannes an.

Die Halbstarken von heute
sind stärker, als die Starken
von gestern.

Aus den Grundbedürfnissen
Neugier und Glauben,
haben findige
Geschäftsleute
Wissenschaft und Religion
gemacht.

Früher war ein Wissenschaftler neugierig, tastete sich vorsichtig von Tür zu Tür vor, öffnete sie und staunte.

Heute wollen Wissenschaftler Ergebnisse, stossen gewaltsam jede Tür auf, horten Fakten und ziehen weiter.

Wissenschaft war einst ein
harmloser Sammelbegriff
für das Tun harmloser
Menschen.

Heute ist es eine gefährliche
Waffe in der Hand
gefährlicher Menschen.

α - **216** - Ω

Wer nicht staunen kann,
lernt nichts.

Religion und Politik sind
eins. Nur, dass die einen
uns im Jenseits und die
anderen im Diesseits
bestrafen.

Die katholische Kirche ist
eine Volkspartei, mit einem
unabwählbaren
Parteivorsitzenden.

Niemand bezweifelt den
Sinn von Regeln im Sport.

Warum also den Sinn der
Zehn Gebote bezweifeln ?

Dogmatische Religionen zu
verurteilen ist, wie die
Regeln für Fußball
abzuschaffen.

Fachbegriffe:
Neue Zöpfe für alte Köpfe.

Fachbegriffe:
Straßenumbenennung, statt
neuer Straße.

Nur weil jemand unanständig ist, heißt das noch lange nicht, dass er keinen Anstand hat.

Musik für Kinder machen:
Man muß Freude daran
haben und diese Freude mit
auf die Bühne bringen.
Nur dieses Feuer kann man
weiterreichen.

Aufgesetzte Freude erreicht
Kinder niemals.

Nur wenn wir an uns
glauben, sind andere bereit,
an uns zu glauben.

Das wir anderen eine
Freude bereiten, mit dem,
was wir tun, sollte es uns
leichtmachen, unsere
Selbstzweifel zu begraben.

Die Reaktion der Kinder ist
die ehrlichste - und die
grausamste.

Lieber 10x auf die Bühne
für´s Bankkonto und dann
10x kostenlos in den
Kindergarten für´s Herz.

Das viele das tun, was ich tue, hält mich nicht davon ab, es weiter zu tun.

Noblesse oblige - wurde schon deshalb auf französisch ausgesprochen, damit es die deutschen Bauern nicht verstehen und somit nicht einfordern konnten.

Dekadenz riecht immer
nach Parfüm, damit man
den Gestank darin nicht
riecht.

Alleinsein ist ein Heilmittel,
Einsamkeit Gift.

**Jedes Lebewesen hat seine eigene Mission.**

Jugendliche sind Individualisten!

Deshalb tragen sie die gleichen Hosen, Frisuren, Rucksäcke, Handys, gehen auf die gleichen Konzerte, in die gleichen Filme und meckern gemeinsam: über die angepassten Erwachsenen.

„Armut“ kann sich kein
Staat leisten.

Die meisten Schriftsteller sind Berufsvoyeure, einige Berufsexhibitionisten, die wenigsten Berufsrevolutionäre und niemand Berufsrealist.

Ein Volk, das wegen
Analphabetismus keine
Kreuze sondern Löcher in
Stimmzettel machen muß,
sollte nicht zur Wahl gehen,
sondern in die Schule.

Dass die Menschen meist kurzsichtig und die Welt grausam und unberechenbar ist, weiß ich und es ärgert mich.

Aber mir dadurch die Lebensfreude nehmen zu lassen, ist gegen meine Natur.

Alles was ist,
ist durch das,
was war.

Philosophische Mathematik:

„Über die wahre Sprungkraft!“

Die Weite eines Sprunges im Verhältnis zur Körpergrösse.

Grashüpfer (10 m) springt 3,6 km

Relativ zum Menschen.

Ein Mensch (6 m) springt 16 cm

Relativ zum Grashüpfer .

Wer sich des „Zeithabens“ bewußt ist, beherrscht auch das „Zeitnehmen“.

# Lieben und Lieben lassen !

Genau das, was Boxen so reizvoll macht, nimmt ihm jeden Reiz.

Es macht mir nichts aus,
einer Frau die Tür
aufzuhalten.

Aber sie ihr aufhalten zu
müssen, stört mich.

„Mit seinen Aufgaben wachsen..“ – Bis man platzt?

Wäre ich beim Trinken so
maßlos, wie beim
Verlieben, wäre ich immer
betrunken.

# Im Leben passiert manches -
# In meinem Kopf alles.

# Die Sprache der Menschen, ist der Schlüssel zu ihren Herzen.

Wer den Fluß durchschwimmt, schafft vielleicht den See, aber nicht zwangsläufig das Meer.

Wir können uns maximal dazu versteigen, in der Zeit eine vierte Dimension zu sehen. Parapsychologen sehen in einer Parallelwelt, die unserem Raum-/Zeitmodell entgegensteht eine fünfte, Dichter und Philosophen sehen in unserem Geist-/Seele-/Bewußtsein-/ Phantasiemodell eine sechste, Musiker sehen in der Musik eine siebte Dimension, usw. usw.

Ich für meinen Teil erweitere diese Vorstellung von Dimensionen um die These:

Das Internet in seiner unfassbaren Virtualität, in der physisch nur Bits/Bytes, seelenlose Nullen und Einsen herumschwirren, das eigentlich Fassbare jedoch real in unserem Kopf entsteht eine Dimension, die kein Raum und doch nichts anderes als ein Raum ist .

Man tötet, ohne das Blut fließt, man hat Sex, ohne dass Körperflüssigkeiten ausgetauscht werden, jeder ist Alles und Nichts.

Das Internet ist eine echte neue Dimension.

An ihr zeigt sich das Wesen aller Dimensionen am deutlichsten: Auch wenn man sich ihr verweigert, sie ignoriert, gibt es sie doch.

Und das wiederum läßt auf weitere Dimensionen in der Zukunft hoffen.

Wir können BSE
ignorieren.

D.h. aber nicht, dass BSE
uns ignoriert.

Unbeweisbare These:
Die Domestizierung des
Menschen führte zu AIDS,
die der Kühe zu BSE.
Vielleicht ist nach
Jahrtausenden genetisch
und evolutionär einfach das
Faß voll.

Es ist ein Unterschied, ob man sagt „Er ist schwul und ein feiner Kerl" oder „Er ist schwul, aber ein feiner Kerl"

Das Spielschulden Ehrenschulden sind, impliziert zwei eindeutig falsche Voraussetzungen:

1.   Spieler seien Ehrenmänner

2.   Sich aus Not oder für Notwendiges zu verschulden, sei unehrenhaft.

Auch ein Vakuum ist Teil
unseres physikalischen
Raum-/Zeitmodells.

Das Nichts ist das Gegenteil
von allem, also auch
unseres Modells.

Der Endlichkeit unserer Vorstellungskraft, Welt und Physik, steht gemäß den Theorien der Wissenschaftler und auch der Theologen, die Unendlichkeit und Ewigkeit gegenüber.

Doch wohlgemerkt:

**Wir** behaupten, es gäbe die Unendlichkeit/Ewigkeit.

Sonst niemand.

Heute verstehe ich die Mahner des Mittelalters: ob es Leben in anderen Galaxien gibt, ob das All unendlich ist, ob es Gott gibt oder nicht - für unser Hirn und Menschenleben ist das irrelevant.

Wir leben und sterben.

Der Titel „Kaiser" hat gezeigt, dass selbst aus Königen eines Tages noch Befehlsempfänger werden können.

Und wenn es nur der
Glaube ist, der die Heilung
beschleunigt, so ist doch
alles dadurch gewonnen.

Wer einen Sieg
davontragen möchte, muß
auch eine Niederlage
ertragen können.

„Zeit" ist nichts, was man
kaufen oder verkaufen
kann.

Heutige Aktionäre kaufen Anteile, ohne Anteil zu nehmen.

Leben und leben lassen bekommt einen grausamen Sinn, wenn man es durch andere Verben wie töten, bluten oder hassen ersetzt.

Langeweile ist eine gerechte Strafe für die, die ihren Kopf nur zum Frisieren und die Hände nur zum Waschen benutzen.

**Ich bin immer noch der Junge, dem nie langweilig werden kann.
Nur fauler.**

Tod und Teufel
fürcht´ ich nicht
Roß und Reiter
brauch´ ich nicht!

Benutz´ mein Hirn zum Denken
Die Beine, um zu gehen.
Laß´ mich nur ungern lenken
Werd´ selbst als Blinder
manches sehen.

Höre Kinder weinen, Schreie in
der Nacht
Hab´ manches totgeglaubte Schaf
ins Trockene gebracht.

Bin hart und unannachgiebig,
Lüstern, manchmal triebig,
Lach´ gern und völle auch,
Mag den Schall und nicht den
Rauch.

Bin eben

Im Leben.

Über den Unterschied von
„es leicht haben", „es sich
leicht machen" und „es
leicht nehmen" sollte man
öfter einmal nachdenken.

Unmut löst keine Probleme,
sondern sorgt nur für Streit,
oder Nachgiebigkeit.

In den Niederungen zeigt
sich das wahre
Menschengesicht.

Atomkraft, AIDS, BSE…

Alles Beweise dafür, wie leicht manche Menschen aus einem Elefanten eine Mücke machen können.

Der kollektive Wunsch nach Individualität hat schon immer zur Uniformität geführt.

Der Glauben ist nicht das
Problem der Christen.
Noch nie gewesen.
Es ist die Kirche.

# Kirche:
# Göttlicher Funke unter menschlicher Regie.

Die Kirche hat noch nie
verstanden, dass Gott nicht
in ihrem Theater, sondern
sie in Gottes Theater
spielen.

Aktienkurse fallen an der Börse, ihr Wert im Kopf.

Aktiengewinne sind real,
Aktienverluste sind virtuell.

Eine unverkaufte Aktie
vermindert kein Kapital.


Wer eine Aktie kauft, wird
nur zwei Zustände erleben:

Die Aktie wirft Gewinn ab
oder es passiert nichts.
Gekauft ist gekauft.


Verlust mache ich, wenn
ich eine Aktie kaufe.

Musik ist Musik.
Studierte Musiker gehen sie
nur anders an als
Unstudierte.

Anders, nicht unbedingt
besser.

# Die Ehe ist immer ein Bündnis.

# Miteinander oder Gegeneinander.

# Nur in den Medien gibt es Rauch ohne Feuer.

Das mein Glück in den Händen eines Wesens liegen soll, dass es nicht gibt, ist für mich unvorstellbar.

Vorstellbar ist, dass es dieses Wesen gibt.

Meist ist die besinnliche
Weihnacht eher eine
besinnungslose.

Es gibt nur einen Weg, die Menschen wieder vom Handy zu entwöhnen: man muß die Handys schwer und massiv bauen und die Batterieeinheit doppelt so groß machen.

Flirt ist ein guter Ersatz für
Vertrautheit, aber nicht für
Liebe.




Flirt ist ein Tagtraum.
Bevor er zum Albtraum
wird, sollte man einander
ziehen lassen.

Mein äußeres Kreuz ist ein
Schwert,
mein inneres Schwert ist
das Kreuz.

Der Soldat im Krieg tötet
nicht für Ideale und die
Ehre des Vaterlandes,
sondern um zu überleben,
seine Kameraden zu
schützen oder um zu
rächen.

Kirche, Militär und Politik
kultivieren Urinstinkte:

Angst, Aggression und
Herdentrieb.

Bin ich auf die Welt
gekommen, um es leicht zu
haben ? Nein.

Bin ich auf diese Welt
gekommen, um es der Welt
leicht zu machen? Nein…

**Psychiater töten keine „Vögel“, sondern tauschen sie nur aus.**

Tempo 180 kmH drückt uns
in die Sessel.
Stellen Sie sich das mit
Lichtgeschwindigkeit vor.

In einem Zug, der sich mit Lichtgeschwindigkeit bewegt, müssen alle Passagiere festgebunden sein. Würde man in die Luft springen, wäre der Zug weit weg, wenn man wieder landet.

Oder bewegt man sich darin unabhängig von der Geschwindigkeit des Zuges?

Für die Qualität einer
Antwort, ist auch immer die
Qualität der Frage
entscheidend.

Ich bin kein Ja-Sager. Nie gewesen. Und ich will auch keiner werden.

Ich bin kommunikativ und kommunizierend. Es ist mir wichtig, dass ich die Menschen in meiner Umgebung kenne und dass mich meine Umgebung kennt.

Ich bin entscheidungsfreudig im eigentlichen Sinne: ich entscheide gerne.

Ich stehe hinter meinen Entscheidungen. Sowohl den richtigen, als auch den falschen. Die richtigen schreibe ich mir auf die Fahne und die falschen bereue ich (um sie nicht zu wiederholen).

Ich bin kein Abwiegler.
Was ich tue, tue ich.

Wenn man das tut, was man wirklich am besten kann, kommen Geld und Zufriedenheit von ganz allein.

„Perspektive" ist das
Schlüsselwort zur
Motivation.

Den richtigen Job zu finden, sollte kein Lottogewinn, sondern wie die Fahrkarte am Fahrscheinautomat sein.

Erfolg muß man wollen.

„Schicksal" wird geschickt.
Den Absender kann man
nicht bestechen.

Das üblicherweise Selbstverständliches „wie immer" gemacht wird, kann ich nur akzeptieren, wenn „üblicherweise" sinnvollerweise, „Selbstverständliches" Notwendiges und „wie immer" richtig bedeutet.

Jede Art von Flugzeug ist
sicher - zumindest solange
es in der Luft ist.

Wer in der Not ist,
verwechselt aus
Überzeugung zwangsläufig
„aus Überzeugung" mit
„zwangsläufig".

Das Gehirn in Schwung zu
halten, bedeutet für viele 4x
am Tag einen Marathon zu
laufen, dabei ist es eher so
wie aufstehen, sich waschen
und wieder hinlegen.

Jeder Mensch hat der
Menschheit etwas zu
sagen!

Hat man sich einmal erhoben, fällt es schwer, sich wieder zu setzen. Und umgekehrt.

Jeder kann gegen seine Überzeugung handeln.

Aber niemand kann gegen seine Überzeugung denken.

Wenn man keine Lobby hat, muß man sich eine schaffen.

„Leidensfähig" heißt für
viele Chefs, dass ihre
Mitarbeiter sich kritiklos
alles gefallen lassen sollen.

Wechselt man nur den Arbeitgeber, aber nicht den Job, genügen finanzielle Verbesserungen.

Wechselt man den Job, müssen es inhaltliche Verbesserungen sein.

Ich habe noch nie für Geld gearbeitet. Sicher, ich habe für meine Arbeit meist Geld bekommen, aber nicht deswegen gearbeitet.

Ich suche nicht die Veränderung um jeden Preis, sondern Perspektiven.

Folge nicht dem, der dir mehr Geld, sondern dem, der dir mehr Perspektiven bietet.

„Schuster bleib´ bei deinem
Leisten!“- so werden
Sklaven gemacht.

In der Not lernt man vier Dinge ganz gewiß:

Beten, hassen, fluchen und verzeihen.

Fehler sind immer
wiederholbar.

Beziehung spielt sich immer nur in der Schnittmenge zweier Menschen ab. Alle anderen Bereiche sind tabu und führen, wenn man sich in diese feindliche Zone begibt, zu Problemen.

Das sich jemand aufmacht, den anderen in seiner Ganzheit zu erkunden, ist ein löblicher Zug. Aber es ist seine eigene Entscheidung. Er kann nicht die anderen anprangern, wenn sie ihn nicht hinter alle Türen schauen lassen. Er muß akzeptieren, dass Menschen aus Angst vor Konsequenzen oder weil sie das, was hinter der Tür ist, als nicht zur Schnittmenge zugehörig betrachten, den Zutritt verweigern.

„Bundeswehr macht Spaß!“

„Bei der Bundeswehr findet man echte Kumpels!“

„Bundeswehr- so einen Job hat nicht jeder!“ - ja ist denn die Bundeswehr eine Beschäftigungstherapie ?

Überall auf der Welt hat Militär etwas mit Tod zu tun. Nur wir schaffen es, den Begriff „fun & easy“ ins Spiel zu bringen.

„Du mußt dich sammeln!"-
wenn das innere Akku leer
ist, gibt es erst einmal
nichts zu sammeln.

Das ich atme, heißt erst
einmal nur, dass mein
Körper lebt.

**Der Aphorismus drückt Ungewußtes so aus, dass man glaubt, man wußte es schon immer.**

Selbst drei Handys nutzen nichts, wenn man nicht weiß, wie man kommuniziert.

Was uns der I-Love-You-Virus lehrt ?

Je offener, offensichtlicher und populärer eine Struktur ist (in diesem Fall ein Betriebssystem), umso angreifbarer ist sie.

Analog Firmenstruktur: Je undurchsichtiger/ungewöhn -licher eine Firmenstruktur ist, umso sicherer ist sie vermutlich.

Analog Copperfield Show: Die einzelnen Mitarbeiter erledigen jeweils nur einen Teil ohne zu wissen, welche Teile andere erledigen. Die Summe aller Teilaktionen ergibt eine perfekte Show.

Wie ein Puzzle.

Die EU trotzt der Natur.
Selbst die Natur bzw. unser
Planet hat England im
Laufe der Evolution durch
die Kontinental-
verschiebung vom
europäischen Festland
getrennt.

AIDS, BSE, Schweinepest, etc.

Und dann: „Der gesunde Fisch“.

Wobei mich der Ekel packt, wenn ich mir vor Augen führe, worin Fische so herumschwimmen und was sie so alles durch ihre Kiemen pusten.

Loyalität beginnt im Herzen und endet beim Verstand.

Nicht umgekehrt.

Glaube versetzt Berge -

Kirche meist in Angst und

Schrecken.

# Güte kann man vortäuschen, Härte nicht.

# Tugenden können mich nicht schrecken, denn ich habe Laster genug.

Ich wünschte, ich könnte so
sehr lieben, wie ich hassen
kann.

Die Jugend schaut nach vorne, weil sie keine Vergangenheit hat.

Die Alten schauen zurück, weil sie keine Zukunft haben.

Wenn Freunde ungewollt
zu Konkurrenten werden,
sind sie sich Dorn und
Pflaster zugleich.

Der Herr gibt´s, der Staat
nimmt´s.

Ob ich an das Gute glaube?

Natürlich!

So wie an den Weihnachtsmann, den Osterhasen und den Mann im Mond.

Böses besiegt man nur
durch Böses. Leider.

Das wir einen Sinn und
einen Begriff für Leben und
Tod haben, hindert uns am
Leben und am Sterben.

Wir werden als Pfütze geboren, verdunsten und werden in unserer Blütezeit zu Wolken, die sich ausregnen und am Ende ihres Lebens wieder Pfützen sind.

Die Zeit hat mehr als
Sekunden, Minuten und
Stunden zu bieten.


„Zeit" ist auch im Alter ein
Jungbrunnen.

Vor einer Besteigung, scheint auch ein kleiner Berg groß.


Wer den Mut zum ersten Schritt hat, sollte auch den zweiten unverdrossen tun.

Ihr wollt die Rund-um-die-Uhr-Konsumgesellschaft ?

Für geregelte Arbeitszeiten, Urlaub und feste Gehälter haben viele ihr Leben riskiert - und einige haben es deswegen verloren.

Wohlstand trübt den Blick.

Der Fluß des Lebens ist ein reißender Strom, der sich jäh in ein stehendes Gewässer mit Untiefen verwandeln kann.

Dass der Beitritt zum Golfclub mehr kostet, als das Jahresgehalt eines durchschnittlichen Angestellten, ist mehr als Beweis dafür, dass wir uns in einem getarnten Feudalismus befinden.

Unternehmerisch denken bedeutete einst, die Mitarbeiter langfristig zu binden und Erfolg kontinuierlich aufzubauen.

Heute heißt es meist: Schnell zum Erfolg und dann von allem Ballast trennen - z.B. Personal.

Rassismus ist kein
Symptom, sondern die
Wurzel.

Eine Wurzel mit zwei
Gesichtern: Angst und
Arroganz.

Wie viele Wege mich zu
meinem Ziel bringen, ist
irrelevant.

Das mich einer hinbringt,
reicht.

Bis heute weiß ich nicht, ob
mein Opa sich intuitiv den
Enkel ausgesucht hat, der
ihm am ähnlichsten war
oder ob mich die
Geschichten über meinen
Opa mich ihm haben
ähnlicher werden lassen.

# Wie ich mir die perfekte Frau vorstelle?

# Gar nicht!

„Leben nach dem Tod" ist
ein Paradoxon.

Big Brother, Girlscamp, Expedition Robinson, usw. usw.

Multimediale Gefängnisse für ein voyeuristisches kommunikationsgestörtes Publikum.

Laster zu leugnen, schadet
der Seele; sie auszuleben,
der Gesundheit.

# „Jenseits von Gut und Böse…“ – was soll da schon sein ?

Žan Mokran 02.02.2001

# Gedanken zu diesem Band (2009)

Es ist unschwer zu erkennen, dass sich die Welt in den letzten 10 Jahren (so wie auch von dort betrachtet in den vielen Dekaden davor) verändert hat.

Wandel aller Orten und in allen Köpfen.

Vielleicht liegt es am Alter oder meiner beschränkten Sicht der Dinge, dass ich glaube, dass sich Vieles nicht positiv verändert hat.

Ich hätte weder mit den willkürlichen Kriegen, den dadurch absehbaren Reparaturen (physisch und diplomatisch), noch mit den Glaubenskämpfen gerechnet.

Stattdessen glaubte ich, das
Millenium sei der Aufbruch in eine
friedliche Zeit.

Unverändert glaube ich an meine
Ideale und Werte, aber ich finde
für sie immer weniger Bestätigung
im Kreise der Weltgemeinschaft:
Ehre, Respekt und Gewissen.
Gleichermassen Motor wie Bremse
meines Schaffens und Handelns
und Denkens.

Ich finde mich heute in einer Welt,
in dem der Ehrbegriff als antiquiert
belächelt, Respekt verständnislos
belacht und Gewissen als
Schwäche angesehen wird.

Und wenn ich von diesen
universalen Werten absehe und
mich erdreiste, religiöse Aspekte
oder den Wert friedlicher religiöser

Gemeinschaften anzuführen, stosse ich auf agressive Atheisten und Kirchenhasser, die bereit sind, jeden Glauben und jede Religion und jede Kirche von der Erde zu tilgen, auch wenn sie damit vielen Menschen Hoffnung und soziale Gemeinschaft nähmen.

Ich rede von der Intimität einer religiösen Erfahrung und werde dafür im Alltag als Ewiggestriger abgestraft. Und wenn ich dann anführe, dass die Religionsfreiheit in meinem Land auch für meinen Glauben gilt, stehe ich oft gänzlich alleine da.

Nun, ich habe beschlossen, das Zweifeln, dem Verzweifeln vorzuziehen. Denn das Ergebnis meiner Zweifel gibt mir entweder

Bestätigung oder widerlegt mich, während das Verzweifeln kein nennenswertes Ergebnis, stattdessen nur unheilvolle Folgen hätte.

Die letzten neun Jahre habe ich Dinge erfahren, auf die mich niemand vorbereitet hat, vieles davon wollte ich gar nicht wissen und einiges hätte ich gerne anders erfahren. Aber sei´s drum, ich bleibe im Alltag wachsam.

Ich studiere mich, die Welt und die Medien. Womit ich, denke ich, vollauf beschäftigt bin für den Rest meiner Tage, sofern mir diese Neigung nicht verloren geht.

Ich suche nicht den Widerspruch an sich, nicht den Mißstand, nicht die Untiefen der menschlichen

Seele - aber wo ich sie finde, denke ich über sie nach und versuche sie in wenigen Worten zusammenzufassen.

Eingedenk meiner eingehenden Zeilen, schließt das Staat, Kirche, Kultur und Gesellschaft mit ein. Auch kann ich kaum umhin, Nachrichten aus dem Tagesgeschehen unkommentiert im Raume stehen zu lassen.

Ein konkretes Ziel, ausser dem Titel meiner Aphorismenbände gerecht zu werden, gibt es nicht. Dennoch hoffe ich, dass ich viele Menschen erreiche und zum Nachdenken bringen kann. Ich gehe dabei keineswegs davon aus, dass ich mit all meinen Gedanken richtig liege, denn das würde voraussetzen, dass ich alle Informationen richtig verstanden habe und alle Informationen stets verfügbar und korrekt gewesen wären. Mancher Aphorismus folgt einem Bauchgefühl, mancher einer inneren Stimme und mancher reiflicher Überlegung.

Im Resultat sollte jeder noch so kurze Aphorismus ein Schlüssel zu einem ganzen Denkkosmos darstellen. Denn er fasst ja „nur" eine Vielzahl von Überlegungen oder Ansichten in kurzen Lettern zusammen. Die eigentliche Macht der Aphorismen liegt in der Fülle der Gedanken, die man sich dazu machen kann, die umgekehrt proportional zu der Winzigkeit des Aphorismus selbst steht, sowie in der Tiefe der Erkenntnisse, die man für sich daraus ableiten kann.

So gesehen, ist der Aphorismus „die Moral von der Geschichte“, jedoch ohne dass einem dazu eine Geschichte geliefert wird. Darin liegt die Freiheit, die Herausforderung und der Nachteil des Aphorismus.

Ob Aphorismen deswegen eine literarische Kunstform sind, mag ich nicht zu sagen. Ich lese sie gerne, ich schreibe sie gerne. Mehr nicht.

Und wenn von 100 Aphorismen einer dabei ist, der mich tagelang nachdenklich macht, war es das lesen der anderen auch wert.

Auch ein Photograph erwartet nicht, dass von den 10 Photos, die er geschossen hat, 10 Kunstwerke herauskommen. Er hofft es - und damit ist damit dem Aphorismenschreiber ähnlich.

Auch der hofft, dass nicht nur einer von hundert seine Leser erreicht.

Aber wenn es dennoch nur einer ist, hat er damit mehr erreicht, als wenn er die hundert nicht geschrieben hätte.


Frankfurt am Main 03. März 2009 (erste Durchschau meiner kleinen Bücher)

α - **368** - Ω

**Ende**

Ebenfalls erschienen :

Edition

F F M

$\alpha$ - **371** - $\Omega$

# Der kleine Vogel Piep

## ein Märchen von Žan Mokran

Märchen

Der kleine Vogel Piep

"Der kleine Vogel Piep möchte fliegen
lernen, denn er hat festgestellt, dass er
Flügel hat. Ob und wie ihm das gelingt, was
das alles mit wahrer Freundschaft, dem
Sinn des Lebens und der Tatsache, dass
man nie aufhören darf an sich zu arbeiten
zu tun hat, erzählt dieses Buch. Wer Flügel
hat, soll fliegen... das steht fest!"

## ISBN 3-8311-3036-1

α - 372 - Ω

# Circles
## ein Bühnenstück von Žan Mokran

**Theaterstück**

CIRCLES - Ein modernes Theaterstück, in dem es um Wahrheit, Wahrheitsfindung und die unterschiedliche Sicht auf dieselben Dinge des Lebens geht. Und den Mut und die Bereitschaft, die Sinnhaftigkeit von Aufgaben im Alltag zu hinterfragen. Der Protagonist Ulrich Nathan Sinn macht dafür eine Reise in sein innerstes Ich, fordert Autoritäten heraus und reiht sich schließlich aus Neugier in die Allegorien des Lebens ein.
Wenn die Frage lautet, ob es ein Dreieck oder ein Viereck ist, ist, wenn man es zulässt, "ein Kreis" eine mögliche Antwort.

ISBN 978-3-7568-1597-5

α - 373 - Ω

# Mirrors
## ein Bühnenstück von Žan Mokran

**Theaterstück**

MIRRORS – Ein bürgerliches Trauerspiel in zwei Akten. Ein liebendes Paar, das sich entfremdet, streitet, eine Mauer zwischen sich errichtet und wieder einreisst. Feindselige Freunde, besorgte Eltern und ein glückliches Paar.

Und ein Spiegel, der erst für Verwirrung, dann Annäherung und dann für Selbstreflexion steht.

ISBN  978-3-7583-5081-8

α - 374 - Ω

# Der Lustige Postbote

## Theaterstück von Žan Mokran

Theaterstück

**DER LUSTIGE POSTBOTE:** Ein
komödiantisches Durcheinander in zwei
Akten für die kleine und die grosse Bühne.
Vier Briefe an vier namensgleiche
Empfänger sorgen in einem Gasthaus auf
dem Land unter der illustren Gesellschaft
für eine feuchtfröhliche Mittagszeit.
Der Autor entschuldigt sich ausdrücklich
bei der Landbevölkerung und den
Stadtbewohnern. Er weiß, ihr seid nicht so,
wie er euch hier in diesem Theaterstück
beschreibt. Aber in diesem Stück seid ihr
so. Nehmt es mit Humor.

ISBN 978-3-7578-8283-9

α - 375 - Ω

# Die Hochzeit im Kaufmannsladen

## Theaterstück von Žan Mokran

**Theaterstück**

DIE HOCHZEIT IM KAUFMANNSLADEN: Eine komödiantische Reise in eine längst vergangene Zeit, in einen Kaufmannsladen, wie es ihn heute nicht mehr gibt. In die Herzen der Menschen, die Irrungen und Wirrungen der Liebe. Aber auch in die Anfänge medialer Kommunikation und damit auch der vielen Mißverständnisse, zu denen sie führen kann. Und das alles dramatisch und romantisch garniert,  im Zusammenhang mit Heiratsschwindlern, besorgten Müttern und verliebten Backfischen.

## ISBN 978-3-7597-0771-0

# Notizen für ein anderes Leben

Aphorismen von Žan Mokran – Band 01

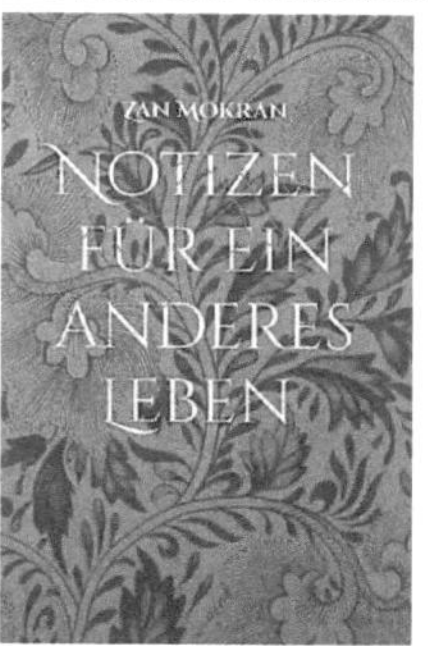

Aphorismen

NOTIZEN FÜR EIN ANDERES LEBEN
Band 01 - In diesem ersten Band einer
Reihe von geplanten Bänden, tauchen wir
ein, in die Welt der kurzen Worte und
langen Gedanken. Die Themen sind ebenso
vielfältig, wie das Leben selbst. Dabei geht
es nicht darum, die Wahrheit für sich in
Anspruch zu nehmen, sondern eher darum,
eine Erfahrung oder Erkenntnis subjektiv
zu manifestieren.

ISBN 978-3-7578-8272-3

# Notizen für ein anderes Leben

## Aphorismen von Žan Mokran – Band 02

Aphorismen

**NOTIZEN FÜR EIN ANDERES LEBEN**
Band 02– auch im zweiten Band der
Aphorismenreihe sind es die kleinen
Erkenntnisse des Alltags, die sich wie
Perlen, zu etwas einmaligem, mehr oder
weniger kurzen Sinneinheiten verdichten.
Während Band 01 die Jahre 1998/1999
reflektiert, ist es im Band 02 1999/2000.
Und es ist eben dieser Abstand, der zum
einen zeigt, was überdauert, aber auch,
was heute vielleicht anders gedacht
werden sollte.

ISBN 978-3-7597-0780-2

α - 378 - Ω

**Und:**

# Honig im Schuh

## von Žan Mokran

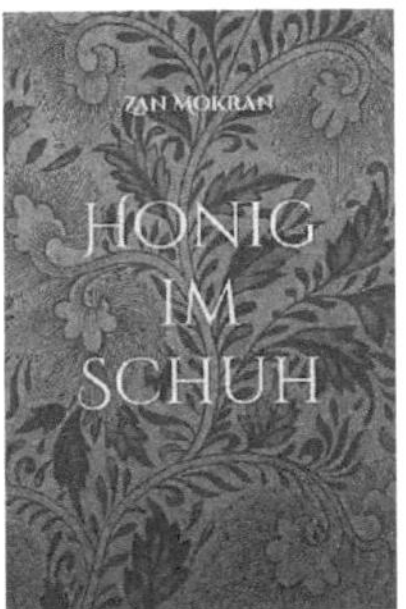

**Lyrik**

**HONIG IM SCHUH** - nennt Zan Mokran die
Buchreihe seiner Gedichte. Es beschreibt
einerseits ein Lebensgefühl, andererseits
die Ursache, warum ein Mensch sich
ausdrücken möchte.

Wir wissen, was die Welt
Im Innersten zusammenhält.
Doch bei aller Klugheit bleiben wir ,
Ob wir wollen oder nicht, stets Ungetier.

## ISBN 978-3-7568-2014-6

$\alpha$ - **380** - $\Omega$

Leseprobe aus „Honig im Schuh":

## Honig im Schuh (High Society)

Ich habe
Honig im Schuh.
Und weiß nichts
damit anzufangen
als hineinzutreten.

Alles so schön klebrig
Und so schön eklig.

Besser Honig im Schuh
Milch in der Wanne
Und Schampus aus dem Hahn
als barfußgehen.

# Bunte Seelensterne

## Lyrik von Tanja Schard

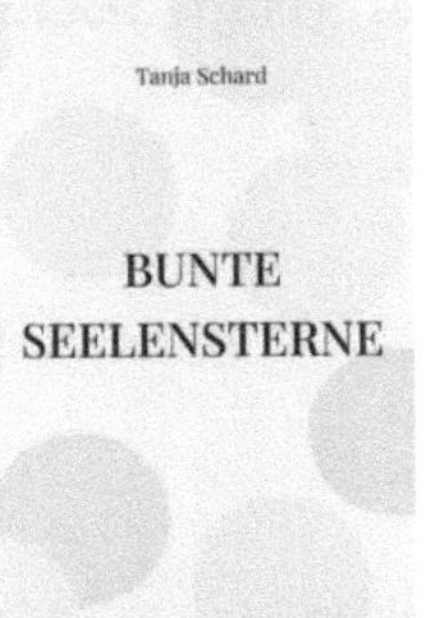

**Lyrik**

**BUNTE SEELENSTERNE** - Auch in ihrem
dritten Gedichtband widmet sich
Tanja Schard mit ihrer eigenen Sprache den
Empfindungen des Alltags und den Menschen,
denen sie begegnet. Fließend wechselt sie dabei
zwischen Gereimtem und Prosa, je nachdem
wonach das feinsinnig beobachtete Thema
verlangt. Mancher sehnt sich zu den Sternen am
Firmament, dabei sind es manchmal einfach
bunte Seelensterne, die den Alltag besser
begreifbar und formulierbar machen. Und damit
erträglicher.

ISBN 978-3-7568-1829-7

α - 382 - Ω

## Momentaufnahme

Welcher Sinn des Lebens
könnte schöner sein
als der zu leben
jeden Moment
bewußt wahrzunehmen
zu genießen
welche Freuden das Leben
für uns bereithält

Es ist ein stetes Nehmen und Geben
und jede Talfahrt
kann bereits dazu dienen
Schwung für das nächste Hoch
zu sammeln

# Zu neuen Ufern

## Lyrik von Tanja Schard

Lyrik

ZU NEUEN UFERN - Feinsinnig und gefühlvoll
fängt Tanja Schard in diesem lyrischen Band
Stimmungen und Emotionen ein und trifft durch
gekonnte Pointen den Kopf mancher meist
geflissentlich übersehenen Nägel. Wer dachte,
Lyrik sei uninteressanter Schnee von gestern,
wird durch diese kleinen literarischen Juwelen
sanft - aber bestimmt - eines Besseren
belehrt.

## ISBN 3-89811-282-9

α - 384 - Ω

Leseprobe aus „Zu neuen Ufern":

## Sehnsucht

Möchte deine Seele riechen
ganz in deine Hände kriechen
horchen an den Träumen
keine Regung dort versäumen

Möchte deinen Atem schmecken
mich in deinen Armen recken
möchte spüren, wie es ist
wenn du wieder bei mir bist

# Lebensgedanken:
## Lyrik von Tanja Schard

Lyrik

LEBENSGEDANKEN - Auch in ihrem zweiten
Gedichtband schlägt Tanja Schard alle Saiten
ihrer lyrischen Laute an und zieht alle Register
ihrer pointierten Tiefgründigkeit. Sie verschont
uns nicht mit Wahrheiten und läßt doch allen
Raum zum Träumen und Hoffen. Wer sich
einmal in ihr Regenbogenland begibt, findet
mehr als nur einen Schatz. Mitreißende Lyrik
auf emotionalstem Niveau.

ISBN 3-8311-2269-5

$\alpha$ - 386 - $\Omega$

Leseprobe aus „Lebensgedanken":

## Der Schmetterling

Schillernde Farben im Flug
luftiger Tanz der Freiheit
so nascht er am Nektarkrug
immer zum Abschied bereit

Die Blumen lieben diesen Gesell'
obwohl er von einer zur anderen tanzt
denn sie lernten sehr schnell
dass du ihn nicht halten kannst

Berührst du die Flügel so zart
verliert er Farbe und Glanz
und darin liegt verwahrt
das Geheimnis von seinem Tanz

Versuchst du zu erhaschen
was er an Schönheit verspricht
wird er auch an dir nur naschen
bleiben kann er nicht

# NOTIZEN
## für ein anderes Leben:

# NOTIZEN
## für ein anderes Leben:

# NOTIZEN
## für ein anderes Leben:

# NOTIZEN
## für ein anderes Leben:

# NOTIZEN
## für ein anderes Leben:

# NOTIZEN
## für ein anderes Leben:

$\alpha$ - **393** - $\Omega$

# NOTIZEN
## für ein anderes Leben:

# NOTIZEN
## für ein anderes Leben:

# NOTIZEN
## für ein anderes Leben: